「逆《さか》上《あ》がり」だってできる!

# 魔《ま》法《ほう》のことば
# オノマトペ

藤野良孝［著］
大野文彰［絵］



青春出版社

# もくじ

## 「逆上《さかあ》がり」だってできる！　魔法《まほう》のことばオノマトペ

本文デザイン・青木佐和子

運動《うんどう》なんか、大《だい》きらいだ。
体育《たいいく》の時間《じかん》も、運動会《うんどうかい》も、体力《たいりょく》テストも
みんな、みーんな無《な》くなっちゃえばいいのに！

体育《たいいく》の先生《せんせい》が全治《ぜんち》3年《ねん》の全身骨《ぜんしんこっ》折《せつ》をしてしまったので、ずーと自習《じしゅう》です。

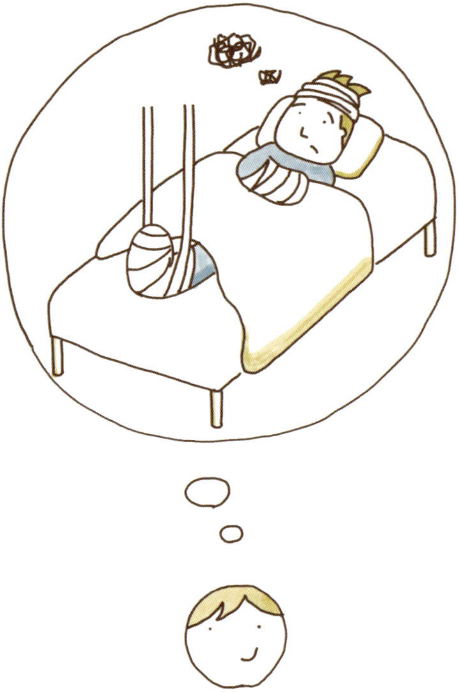

「体力《たいりょく》テスト」禁止法案《きんしほうあん》が可決《かけつ》されました。

どしゃ降《ぶ》りで校庭《こうてい》が池《いけ》になってしまったため、運動会《うんどうかい》は中止《ちゅうし》です。

運動《うんどう》が苦手《にがて》な子《こ》は
そう思《おも》ってるんじゃ
ないかな？

でもね、
「きらい」「苦手《にがて》」って
誰《だれ》がきめたの？

運動《うんどう》が苦手《にがて》な子《こ》
なんて、
ほんとうは
いないんだ。

キミの中《なか》には天使《てんし》のキミと、
悪魔《あくま》のキミが住《す》んでいるんだ。

悪魔《あくま》のキミが勝手《かって》に、
キミの頭《あたま》に呪《のろ》いをかけて
からだにブレーキを
かけているだけなんだよ。

だから、
頭《あたま》の中《なか》から
その呪《のろ》いを追《お》い出《だ》してしまおうよ。

アブラカダブラ〜
チチンプイプイ
ガラリンパッ

そのための魔《ま》法《ほう》のことばが
「オノマトペ」なんだ！

「オノマトペ」という魔法《まほう》のことばを叫《さけ》んだり、唱《とな》えたり、つぶやいたりすると、からだに「スイッチ」が入って運動《うんどう》ができるようになっちゃうんだ！

**スピード・スイッチ**

スピードのスイッチが入《はい》れば、ハエが追《お》いかけてきても逃《に》げられる！

**パワー・スイッチ**

パワースイッチが入《はい》れば、大好《だいす》きなスイカをひとりで持《も》って帰《かえ》れる！

**リズム・スイッチ**

ゲームのボタンをリズムよく連打《れんだ》できるのでハイスコアが出《で》る！

**タイミング・スイッチ**

突然《とつぜん》シロクマがきてもタイミングよくジャンプしてとびこえられちゃう！

うぉぉぉ〜
できる！できる！って
天使《てんし》のキミがはりきりだすんだね。

オノマトペには
それぞれの運動《うんどう》にきく
ことばがあるよ。

逆上《さかあ》がりに
かけっこの魔法《まほう》のことばを唱《とな》えても
効果《こうか》はないんだね。

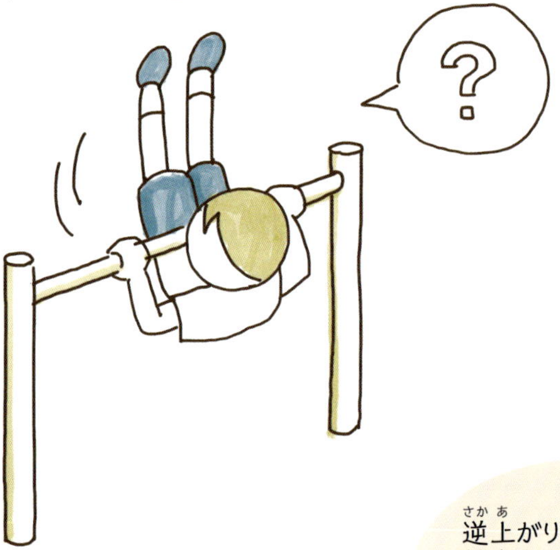


逆上《さかあ》がりには
逆上《さかあ》がりの魔法《まほう》のことばが、
かけっこには
かけっこの魔法《まほう》のことばが
必要《ひつよう》なんだ。

じゃあ、キミだけに
魔《ま》法《ほう》のことばオノマトペを教《おし》えよう！

Aくんは、
逆《さか》上《あ》がりができません。

「逆上がり」ができるオノマトペはどれかな？
サーッ、タン、パッ、トン
グッ、グーッ
ターンタ、ターンタ
ヒュンッ、ヒュンッ
グッグッグッ、タッタッタッ
ギュッ、ピタ、クル
クッ、キュッ
バシン、バシン、サーッ・トン、トン
タン、タン、フワーッ
ダーン、ダーン
スーッ、バチーン
ニャ
タン、タッ・ガーッ
サッサッサッサッ
サッ、サッ、サッ、サッ
クル
サーッ、キュッ、シュ
スー、ハー

## 【逆《さか》上《あ》がりのオノマトペ】

# 魔《ま》法《ほう》のことばの使《つか》い方《かた》

「ギュッ」と言《い》ってひじを曲《まげ》げて鉄棒《てつぼう》を握《にぎ》る。足《あし》は前後《ぜんご》に開《ひら》く。

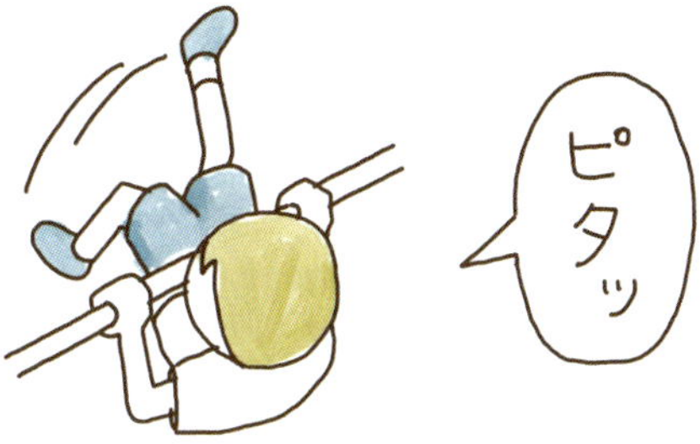


いきおいをつけてけり上げ、「ピタッ」で鉄棒《てつぼう》におへそがくっつくようにする。

「クルン」と言《い》って、回転《かいてん》する。

感覚《かんかく》をつかむまで、「ギュッ、ピタッ、クルン」と声《こえ》を出《だ》しながらくりかえしてみよう！
きっとすぐにできちゃうよ。

Bくんは、かけっこがおそい、
おそすぎる…。

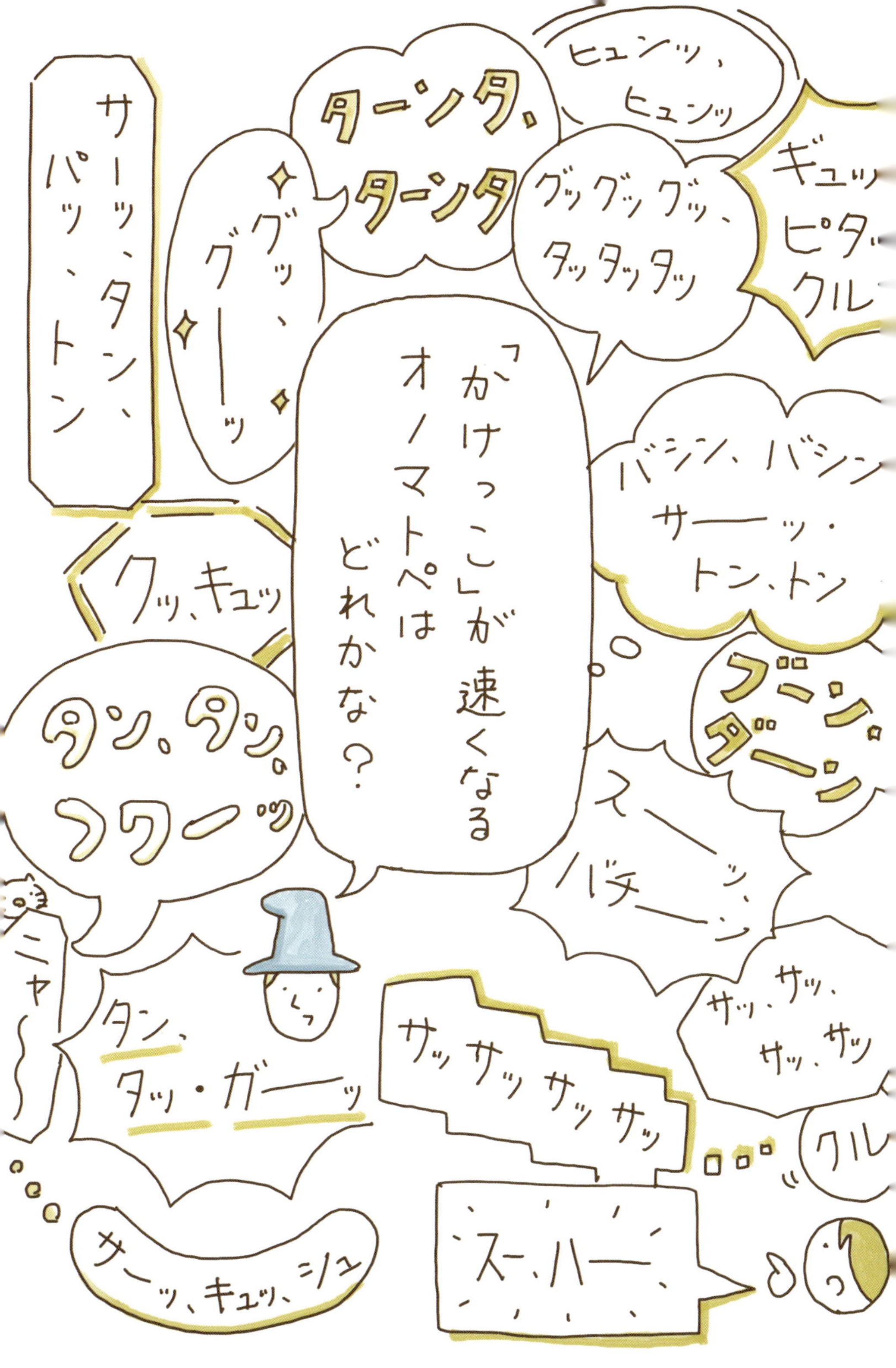

「かけっこ」が速くなるオノマトペはどれかな？
サーッ、タン、パッ、トン
グッ、グーーッ
ターンタ、ターンタ
ヒュンッ、ヒュンッ
グッグッグッ、タッタッタッ
ギュッ ピタッ クル
バシン、バシン サーーッ・トン、トン
クッ、キュッ
タン、タン、フワーッ
ブーン、ダーン
スーーッ、バチーン
ニャー
タン、タッ・ガーーッ
サッサッサッサッ
サッ、サッ、サッ、サッ
クル
サーッ、キュッ、シュ
スー、ハー

## 【かけっこのオノマトペ】

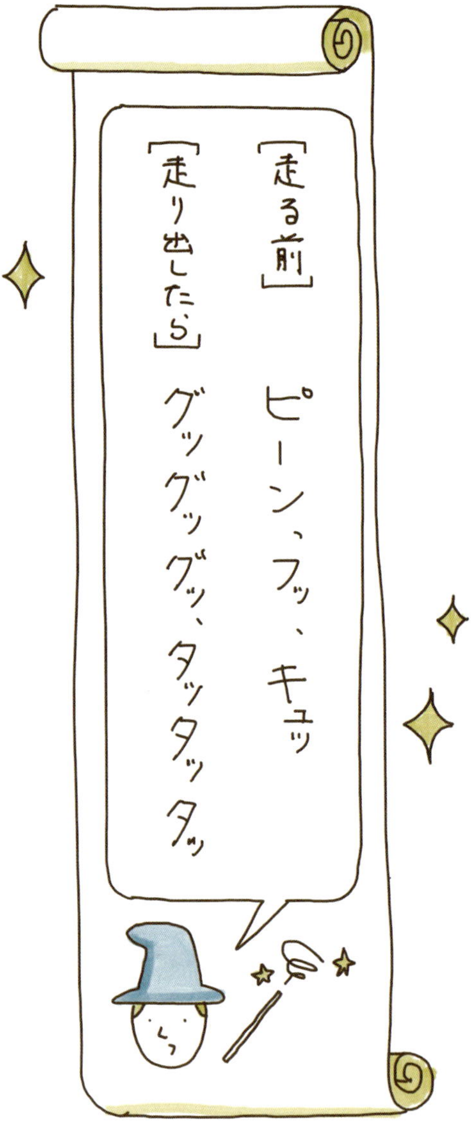
【走る前】
ピーン、フッ、キュッ
【走り出したら】
グッグッグッ、ダッダッダッ

## 魔法《まほう》のことばの使《つか》い方《かた》

走《はし》る前《まえ》

足《あし》のつま先《さき》を大《おお》きく開《ひら》き、「ピーン」と言《い》いながらまっすぐに立《た》つ。

「フッ」と軽《かる》く息《いき》を吐《は》いて力《ちから》を抜《ぬ》き、からだの前《まえ》で大《おお》きな木《き》に抱《だ》きつくようにする。

「キュッ」と言《い》いながらおしりをしめる。すると自然《しぜん》に体《からだ》が前《まえ》に倒《たお》れて、コケそうになるので、とっさに足《あし》が出《で》る。出《で》たほうの足《あし》が利《き》き足《あし》。

利《き》き足《あし》を後《うし》ろに引《ひ》いて、かけっこのポーズをとる。前足《まえあし》に10のうち8の体重《たいじゅう》をかけて、あごを引《ひ》いて、前傾姿勢《ぜんけいしせい》になる。

**これが速《はや》く走《はし》るためのスタートのポーズだよ。**

## 魔法《まほう》のことばの使《つか》い方《かた》

走《はし》り出《だ》したら

スタートの前傾姿勢《ぜんけいしせい》のまま、「グッ、グッ、グッ」と言《い》いながら、地面《じめん》を押《お》す感《かん》じで加速《かそく》する。

「グッ」ということばは、パワーを引《ひ》き出《だ》すオノマトペなんだ。
走《はし》りはじめてすぐに大《おお》きな力《ちから》が出《だ》せるから、一気《いっき》に加速《かそく》できるようになるよ。

スピードにのってきたら、空《あ》き缶《かん》を上《うえ》から真下《ました》につぶす感《かん》じで、「タッタッタッ」と言《い》いながら走《はし》り続《つづ》ける。

地面《じめん》に足《あし》がつく瞬間《しゅんかん》に「タッ」と声《こえ》を出《だ》そう。
「タッタッタッ」と言《い》うことで、地面《じめん》に足《あし》がふれる時間《じかん》が短《みじか》くなって、速《はや》く走《はし》れるんだ。

Cさんは、

スキップがうまくできません。

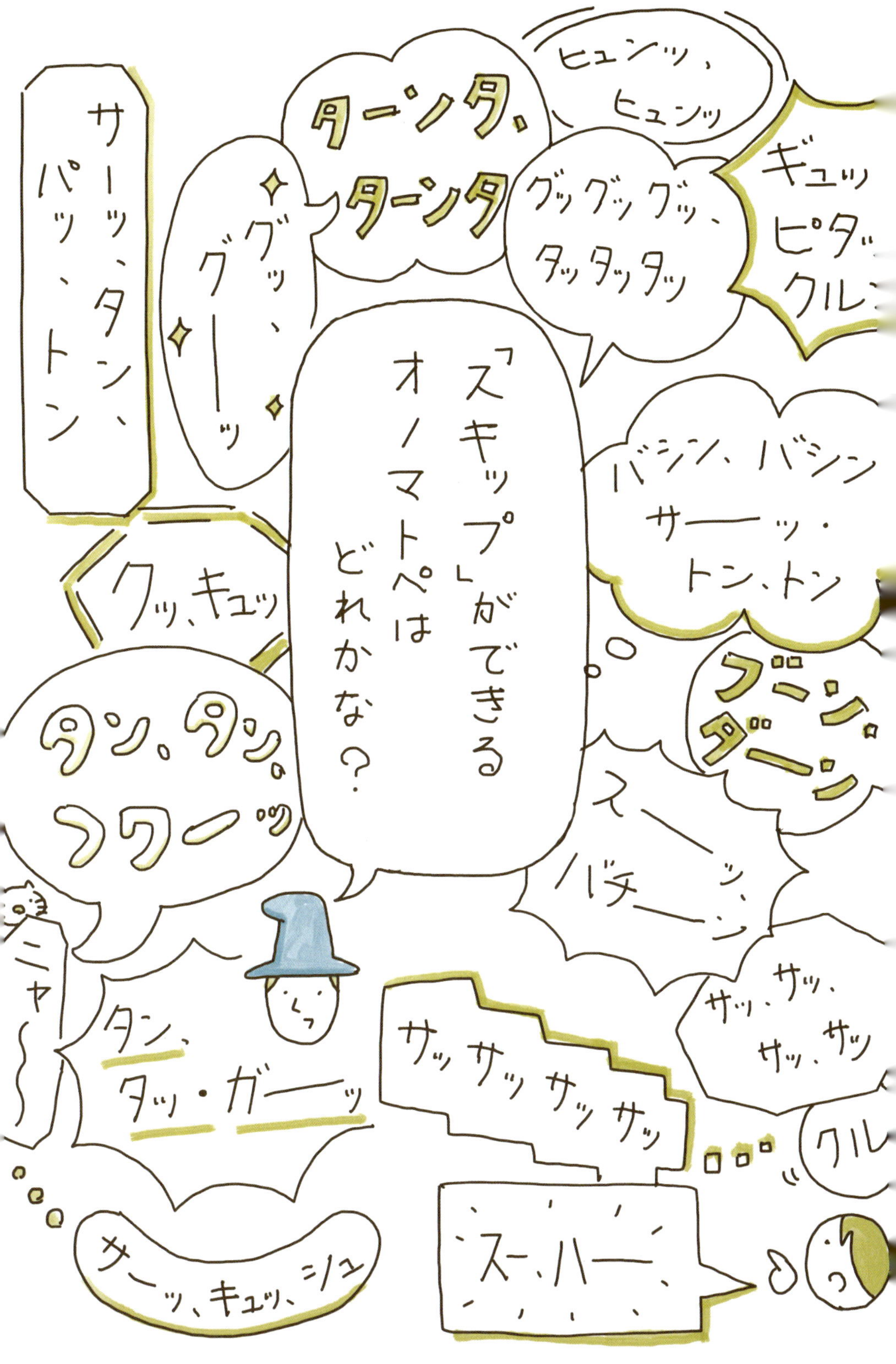
「スキップ」ができるオノマトペはどれかな？
ギュッ、ピタ、クル
ヒュンッ、ヒュンッ
ターンタ、ターンタ
グッグッグッ、タッタッタッ
グッ、グーーッ
サーッ、タン、パッ、トン
バシン、バシン、サーーッ・トン、トン
クッ、キュッ
ダーン、ダーン
スーーッ、バチーーン
タン、タン、フワーッ
ニャ〜
タン、タッ・ガーーッ
サッサッサッサッサッ
サッ、サッ、サッ、サッ
クル
サーッ、キュッ、シュ
スー、ハー、

## 【スキップのオノマトペ】

## 魔法《まほう》のことばの使《つか》い方《かた》

「右右《みぎみぎ》」「左左《ひだりひだり》」「右右《みぎみぎ》」と、同《おな》じ足《あし》で地面《じめん》を２回《かい》ける。
「ターン」で大《おお》きくけって、「タ」で小《ちい》さくける。
次《つぎ》に、逆《ぎゃく》の足《あし》で同《おな》じようにけっていく。
そのくりかえし。

頭《あたま》で考《かん》えず、「ターンタ、ターンタ」と言《い》いながら、その声《こえ》に合《あ》わせて足《あし》を動《うご》かせば、自然《しぜん》にできるようになっちゃうよ。
「ターンタッ、ターンタッ」って、最後《さいご》の「タ」を「タッ」にすると、素早《すばや》いスキップになるから、挑戦《ちょうせん》してみよう。

Dくんは、とび箱《ばこ》がとべません。

「とび箱」がとべるオノマトペはどれかな？
ヒュンッ、ヒュンッ
ターンタ、ターンタ
サーッ、タン、パッ、トン
グッ、グーッ
グッグッグッ、タッタッタッ
ギュッ
ピタッ
クル
バシン、バシン
サーッ・トン、トン
ダーン
ダーン
スーッ、バチーン
クッ、キュッ
タン、タン、フワーッ
ニャ
タン、タッ・ガーーッ
サッサッサッサッ
サッ、サッ、サッ、サッ
クル
サーッ、キュッ、シュ
スー、ハー

## 【とび箱《ばこ》のオノマトペ】

# 魔法《まほう》のことばの使《つか》い方《かた》

「サーッ」と言《い》いながら助《じょ》走《そう》する。

「タン」と言《い》いながら踏切《ふみきり》板《ばん》を踏《ふ》みきる。

「パッ」と言《い》いながら、両手《りょうて》をとび箱《ばこ》の前《まえ》のほうについて、とび箱《ばこ》をとび越《こ》える。

「トン」と言《い》いながら着地《ちゃくち》する。

助走《じょそう》がおそいと感《かん》じたら、「サーッ」を高《たか》い声《こえ》で言《い》うとスピードがあがる。
踏《ふ》み切《き》りを強《つよ》くしたほうがいいと思《おも》ったら「ダン」にする。
とび箱《ばこ》に手《て》をつく位置《いち》が真《ま》ん中《なか》よりも手前《てまえ》になってしまう人《ひと》は、「パッ」を「パーッ」にしよう。

Eさんは、

なわとびが続《つづ》けてとべません。

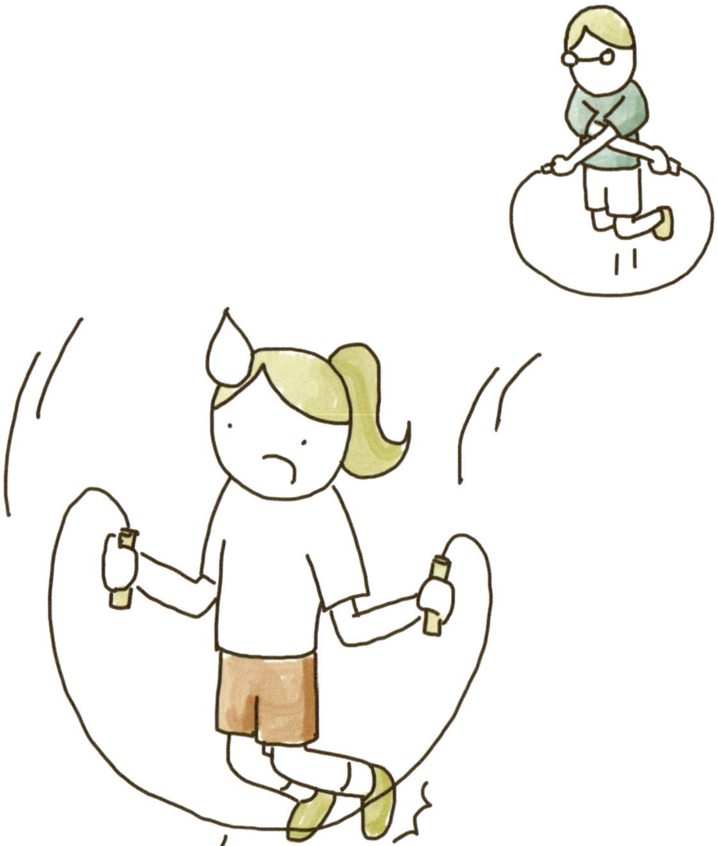

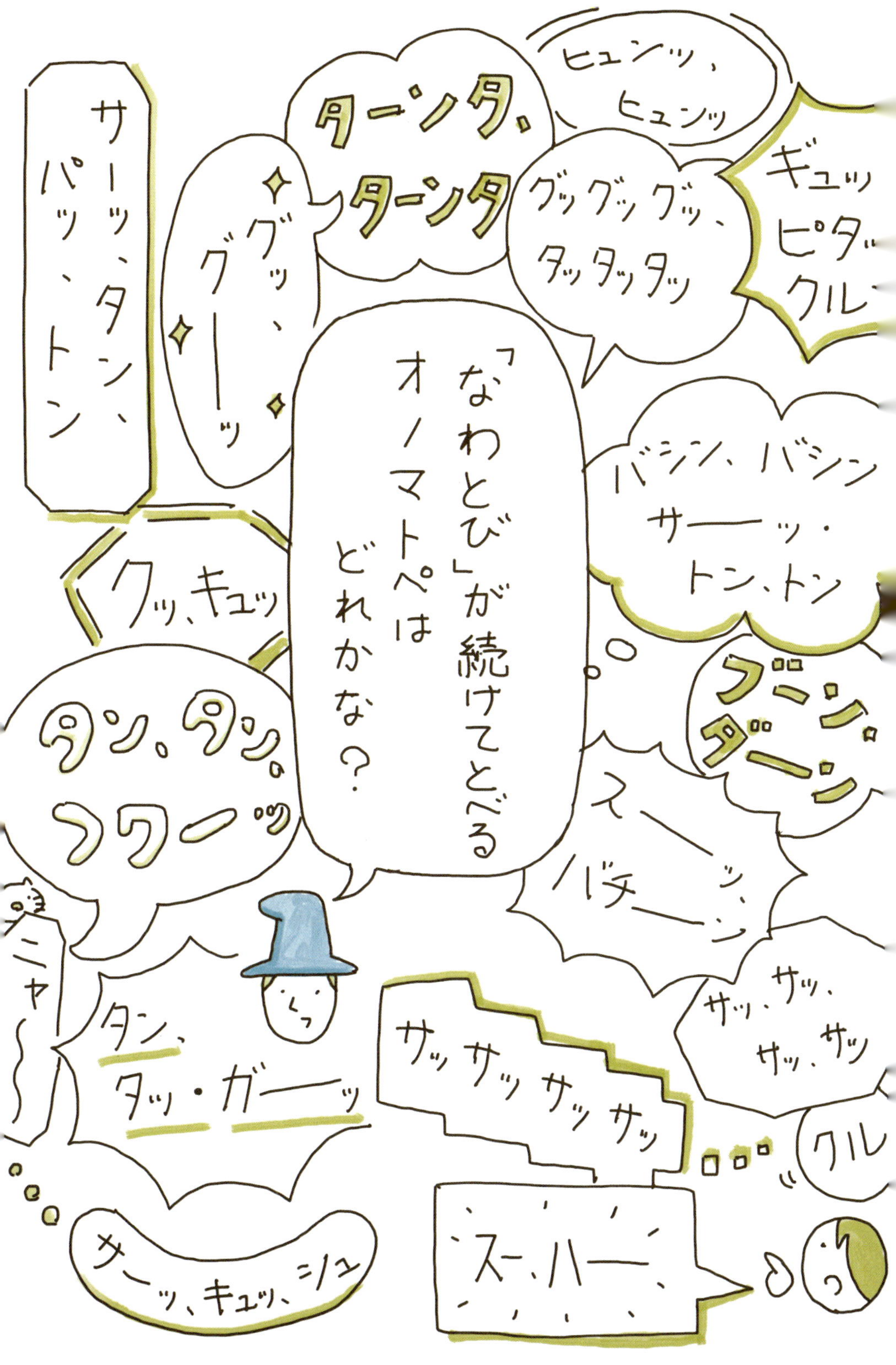
「なわとび」が続けてとべるオノマトペはどれかな？
サーッ、タン、パッ、トン
グッ、グーーッ
ターンタ、ターンタ
ヒュンッ、ヒュンッ
グッグッグッ、タッタッタッ
ギュッ ピタ クル
クッ、キュッ
バシン、バシン サーッ・トン、トン
ダーン、ダーン
タン、タン、フワーッ
スーッ、バチーン
ニャ
タン、タッ・ガーッ
サッ、サッ、サッ、サッ
サッサッサッサッサッ
クル
サーッ、キュッ、シュ
スー、ハー

【なわとびのオノマトペ】

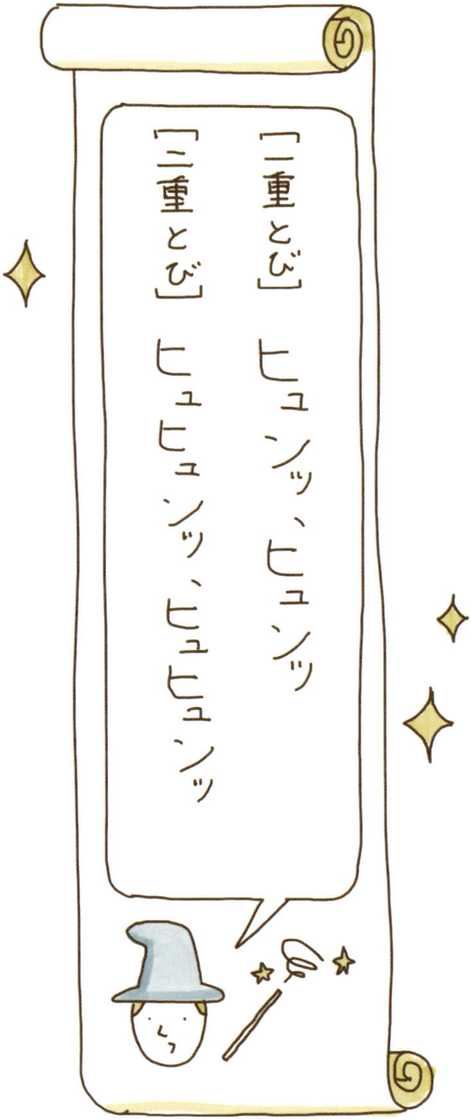
「一重とび」ヒュンッ、ヒュンッ
「二重とび」ヒュヒュンッ、ヒュヒュンッ

# 魔法《まほう》のことばの使《つか》い方《かた》

一重《いちじゅう》とび

感情《かんじょう》を込《こ》めて「ヒュンッ、ヒュンッ」と言《い》いながら、なわを回《まわ》してとび続《つづ》ける。

二重《にじゅう》とび

二重《にじゅう》とびの場合《ばあい》は、「ヒュヒュンッ、ヒュヒュンッ」と言《い》いながら行《おこな》うと、うまくいく。

なわで風《かぜ》を切《き》る感《かん》じをしっかりイメージしよう。なぜかこの音《おと》に合《あ》わせてからだを動《うご》かすと、続《つづ》けてとべるようになっちゃうよ。
不思議《ふしぎ》だね。

Fさんは、

大《おお》なわとびにうまく入《はい》れません。

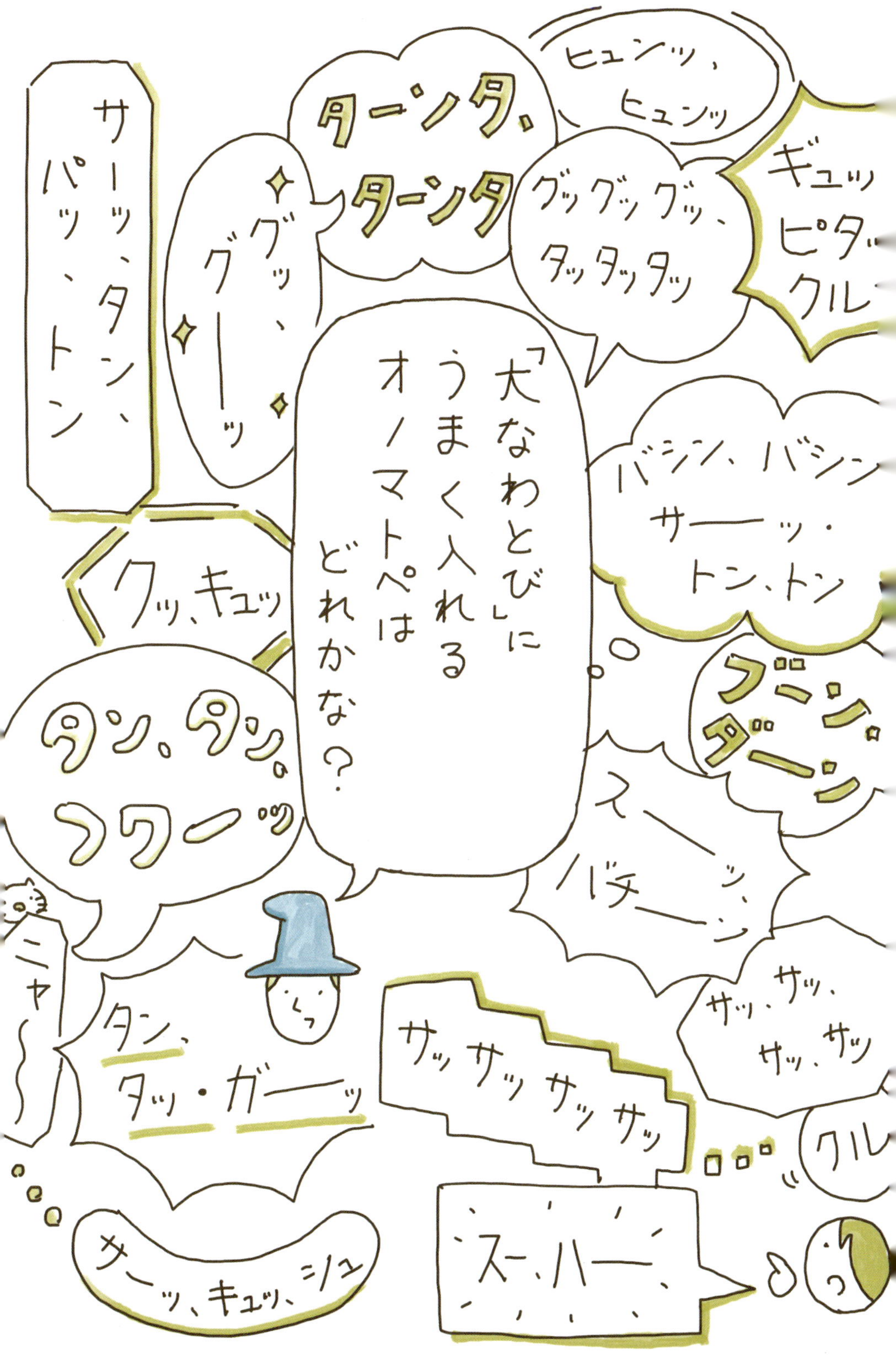
「大なわとび」にうまく入れるオノマトペはどれかな？
サーッ、タン、パッ、トン
グッ、グーーッ
ターンタ、ターンタ
ヒュンッ、ヒュンッ
グッグッグッ、タッタッタッ
ギュッ ピタ クル
バシン、バシン サーッ・トン、トン
クッ、キュッ
タン、タン。フワーッ
ダン。ダーン
スーッ、バチーン
ニャー
タン、タッ・ガーッ
サッサッサッサッサッ
サッ、サッ、サッ、サッ
クル
スー、ハー、
サーッ、キュッ、シュ

## 【大《おお》なわとびのオノマトペ】

# 魔法《まほう》のことばの使《つか》い方《かた》

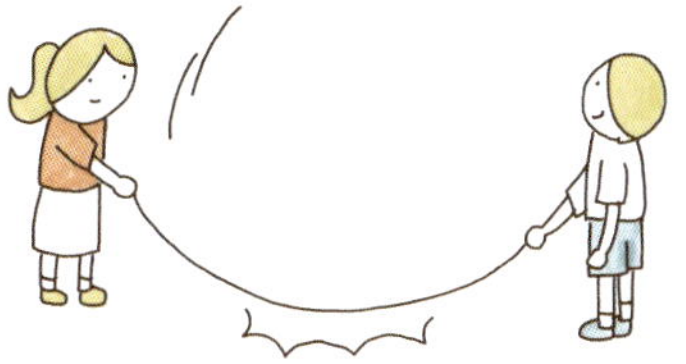

なわとびが、地《じ》面《めん》に着《つ》くタイミングで、「バシン」と叫《さけ》ぶ。

「トン、トン」と言《い》いながら、リズミカルになわとびをとぶ。

2回《かい》目《め》の「バシン」が終《おわ》わったら、「サ——ッ」と言《い》いながら、なわとびの中《なか》に入《はい》っていく。

「バシン、バシン」と言《い》うと、回転《かいてん》するなわに入《はい》っていくタイミングが感覚的《かんかくてき》にわかるよ。
「サ——ッ」と言《い》うと動《うご》きにいきおいが出《で》る。
それに、こわいなぁという気《き》持《も》ちがなくなって、なわの中《なか》にスッと入《はい》ることができるんだ。
あとは、「トン、トン」って言《い》いながらとべば、油《ゆ》断《だん》しないで集中《しゅうちゅう》してとび続《つづ》けることができるよ。
新《しん》記《き》録《ろく》に挑戦《ちょうせん》してみよう。

Gくんは、
でんぐり返《がえ》しができません。

「でんぐり返し」が
できるようになる
オノマトペは
どれかな？
サーッ、タン、
パッ、トン
グッ、グーーッ
ターンタ、ターンタ
ヒュンッ、ヒュンッ
グッグッグッ、タッタッタッ
ギュッ ピタ クル
バシン、バシン サーーッ・トン、トン
クッ、キュッ
タン、タン、フワーッ
ダン、ダーン
スーーッ、バチーン
ニャ
タン、タッ・ガーーッ
サッ、サッ、サッ、サッ
サッサッサッサッサッ
クル
サーッ、キュッ、シュ
スー、ハーー、

【でんぐり返《がえ》しのオノマトペ】

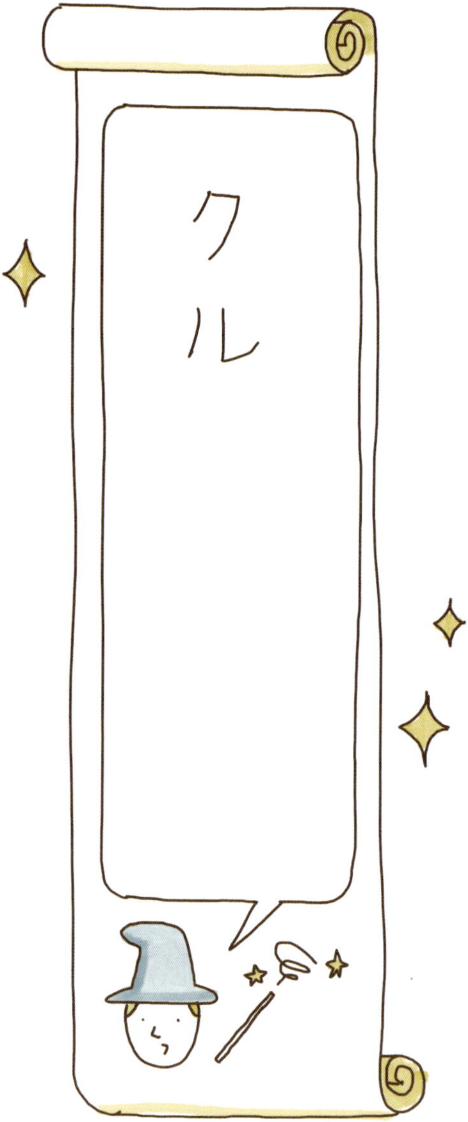

# 魔法《まほう》のことばの使《つか》い方《かた》

両足《りょうあし》を肩幅《かたはば》に開《ひら》いてしゃがんで、「クル」と言《い》いながら前《まえ》に手《て》をついて、転《ころ》がる。転《ころ》がったら、最初《さいしょ》のしゃがんだ姿勢《しせい》に戻《もど》る。

「クル」でいきおいがたらずに、うまくできなかったら、「クル」ではなくて「クルッ」と言《い》いながらやってみよう。いきおいが増《ま》して、できるようになるはず！

Hくんは、
サッカーでいつも補《ほ》欠《けつ》です。

「サッカー」がうまくなるオノマトペはどれかな？
サーッ、タン、パッ、トン
グッ、グーーッ
ターンタ、ターンタ
ヒュンッ、ヒュンッ
グッグッグッ、タッタッタッ
ギュッ、ピタ、クル
クッ、キュッ
バシン、バシン
サーッ・トン、トン
ブン、ダーン
タン、タン、フワーッ
スーッ、バチーン
ニャー〜
タン、タッ・ガーーッ
サッサッサッサッ
サッ、サッ、サッ、サッ
クル
サーッ、キュッ、シュ
スー、ハー、

## 【サッカーのオノマトペ】

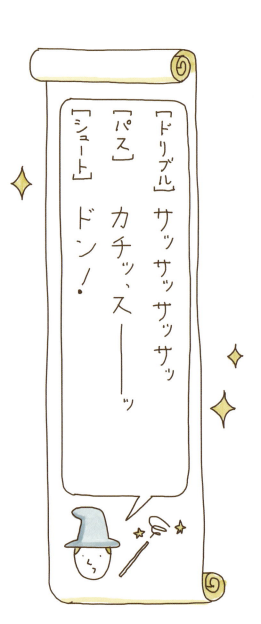

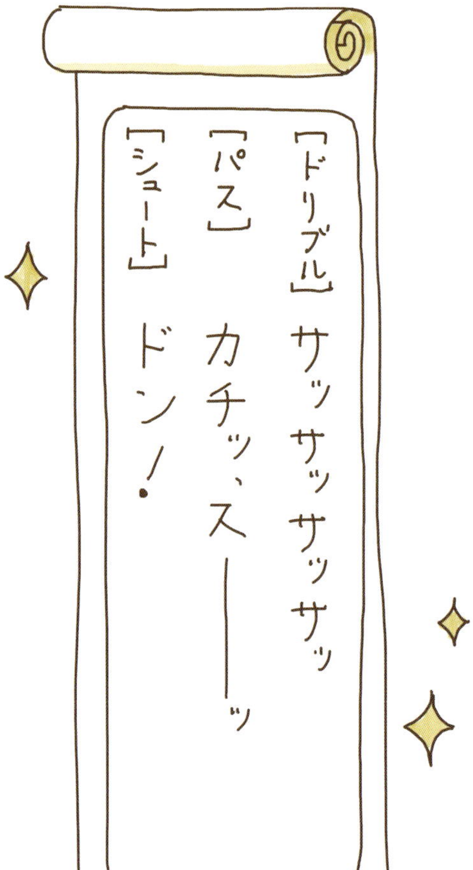
「ドリブル」サッサッサッサッ
「パス」カチッ、ス――ッ
「シュート」ドン！

## 魔法《まほう》のことばの使《つか》い方《かた》

ドリブル

「サッサッサッサッ」と言《い》いながら、ボールを足《あし》から離《はな》さないように小《ちい》さくけってすすんでいく。

前《まえ》からボールをうばいにきたら、足《あし》の内側《うちがわ》や外側《そとがわ》を使《つか》って、「サッ」と言《い》いながら、かわす。

「サッサッサッサッ」ということで、ボールの動《うご》きに素早《すばや》く対応《たいおう》することができるんだ。
「サッサッサッサッ」を早《はや》く言《い》えば、早《はや》いドリブルが、
ゆっくり言《い》えば、ゆっくりとしたドリブルに。
相手《あいて》の動《うご》きに合《あ》わせて、ドリブルができるようになるよ。

## 魔法《まほう》のことばの使《つか》い方《かた》

### パス

「カチッ」と言《い》うことで、
軸足《じくあし》がしっかり固定《こてい》される。

「ス――ッ」と言《い》いながらボールをける。パスする相手《あいて》に届《とど》くまで、「ス――ッ」と言《い》う。集中力《しゅうちゅうりょく》が途《と》切《ぎ》れずに、しっかりと相手《あいて》に届《とど》けることができる。

「カチッ」で、ける前《まえ》のフォームがしっかり作《つく》れ、「ス――ッ」で、パスしたい方向《ほうこう》にまっすぐけることができるよ。
「まっすぐけらなくちゃ」と思《おも》っていると、いろいろ考《かんが》えすぎてうまくいかないけど、「ス――ッ」と口《くち》にすることで、余計《よけい》なことを考《かん》えずに、足《あし》を前《まえ》に運《はこ》ぶことだけに集中《しゅうちゅう》できるんだ。

## シュート

助走《じょそう》して、「ドン！」と言《い》いながらボールをける。

強《つよ》くシュートしたければ、大《おお》きな声《こえ》で「ドン！」と叫《さけ》ぶ。
遠《とお》くからシートするときは「ド――――ン！」と叫《さけ》ぼう。

Iくんは、
キャッチボールが下《へ》手《た》くそです。

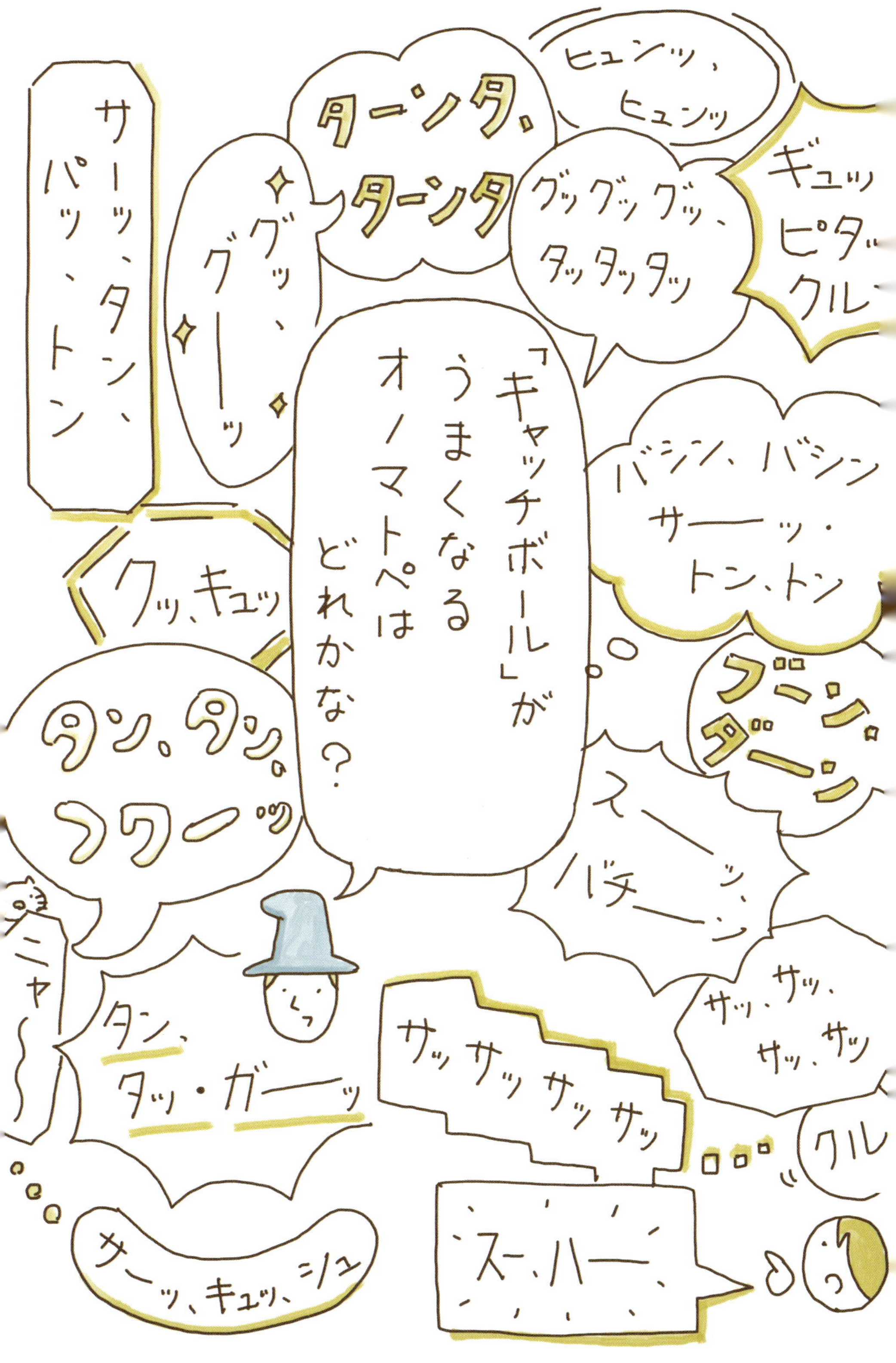
「キャッチボール」がうまくなるオノマトペはどれかな？
サーッ、タン、パッ、トン
グッ、グーーッ
ターンタ、ターンタ
ヒュンッ、ヒュンッ
グッグッグッ、タッタッタッ
ギュッピタッ クル
バシン、バシン サーーッ・トン、トン
クッ、キュッ
タン、タン、フワーッ
ダーン、ダーン
スーーッ、バチーン
ニャ
タン、タッ・ガーーッ
サッサッサッサッ
サッ、サッ、サッ、サッ
クル
サーッ、キュッ、シュ
スー、ハー

## 【キャッチボールのオノマトペ】

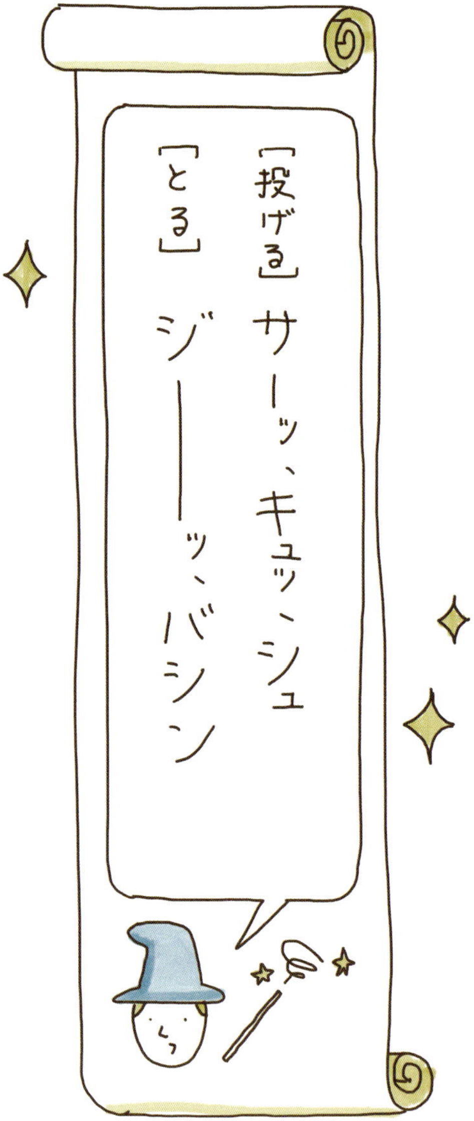

## 魔法《まほう》のことばの使《つか》い方《かた》

投《な》げる

「サーッ」と言《い》いながら、ボールを持《も》った手《て》を後《うし》ろにひく。

「キュッ」と言《い》って、腰《こし》を前《まえ》にひねる。

「シュ」と言《い》って、投《な》げる。

「サーッ、キュッ、シュ」を唱《とな》えることで、余計《よけい》な力《ちから》が抜《ぬ》けて動《うご》きが安定《あんてい》し、いい球《たま》が投《な》げられる。最後《さいご》の「シュ」で素早《すばや》い球《たま》をイメージできるんだ。
慣《な》れてきたら、とぎれとぎれでなく、流《なが》れるように言《い》ってみよう。

## とる

飛《と》んでくるボールを
「ジ———ッ」と言《い》い
ながら、見《み》続《つづ》ける。

ボールを受《う》ける瞬間《しゅんかん》に
「バシン」と言《い》う。

「ジ——ッ」と言《い》うことで、ボールと自分《じぶん》との距離《きょり》がうまく測《はか》れるようになるので、エラーしなくなるよ。

Ｊくんは、バッティングが苦《にが》手《て》です。

「バッティング」が得意になるオノマトペはどれかな？
サーッ、タン、パッ、トン
グッ、グーーッ
ターンタ、ターンタ
ヒュンッ、ヒュンッ
グッグッグッ、タッタッタッ
ギュッ、ピタ、クル
バシン、バシン サーーッ・トン、トン
クッ、キュッ
タン、タン、フワーッ
ブーン、ダーン
スーーッ、バチーン
ニャ〜
タン、タッ・ガーーッ
サッ、サッ、サッ、サッ、サッ
サッサッサッサッサッ
クル
サーッ、キュッ、シュ
スー、ハー

【バッティングのオノマトペ】

## 魔法《まほう》のことばの使《つか》い方《かた》

「ス──ッ」と言《い》って、バットを後《うし》ろにひく。こうすることで、地面《じめん》と並行《へいこう》にバットがふりやすくなる。

ボールがきたら、「バチーン」と言《い》いながらバットをふる。
「バチーン」とボールをジャストミートしている感《かん》じで、思《おも》いっきり声《こえ》を出《だ》してバットをふること。

一度《いちど》ボールが当《あ》たったら、つぎからどんどんうまくなるよ。「バチーン」と打《う》っていれば、意識《いしき》しなくても、だんだんフォームも良《よ》くなってくるんだ。

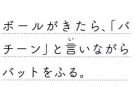

Kくんは、
バスケットでシュートがきまりません。

「バスケット」でシュートがきまるオノマトペはどれかな？
サーッ、タン、パッ、トン
グッ、グーーッ
ターンタ、ターンタ
ヒュンッ、ヒュンッ
グッグッグッ、タッタッタッ
ギュッ、ピタ、クル
バシン、バシン サーーッ・トン、トン
クッ、キュッ
タン、タン、フワーッ
ブーン、ダーン
スーーッ、バチーン
ニャ〜
タン、タッ・ガーーッ
サッサッサッサッサッ
サッ、サッ、サッ、サッ
クル
サーッ、キュッ、シュ
スー、ハー

## 【バスケットのオノマトペ】

## 魔法《まほう》のことばの使《つか》い方《かた》

「タン、タン」で右足《みぎあし》・左足《ひだりあし》（左利《ひだりき》きの人《ひと》は左足《ひだりあし》・右足《みぎあし》）とステップをふむ。

「フワ──ッ」と言《い》いながらボールを持《も》ってジャンプして、シュートする。

**シュートのときは、リングにボールを添《そ》えるようにする。「フワ──ッ」と言《い》うことで、変《へん》に力《ちから》が入《はい》らないので、落《お》ち着《つ》いてリングに集中《しゅうちゅう》できるんだ。**

Ｌさんは、

体《からだ》がかたくて、前屈《ぜんくつ》がキライです。

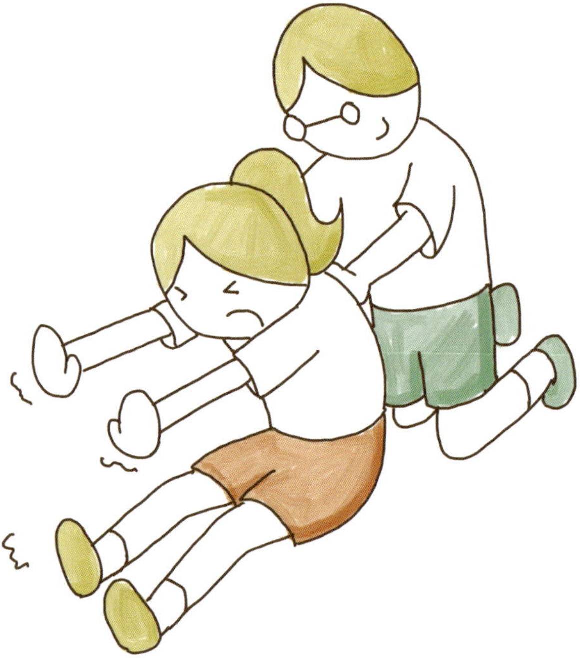

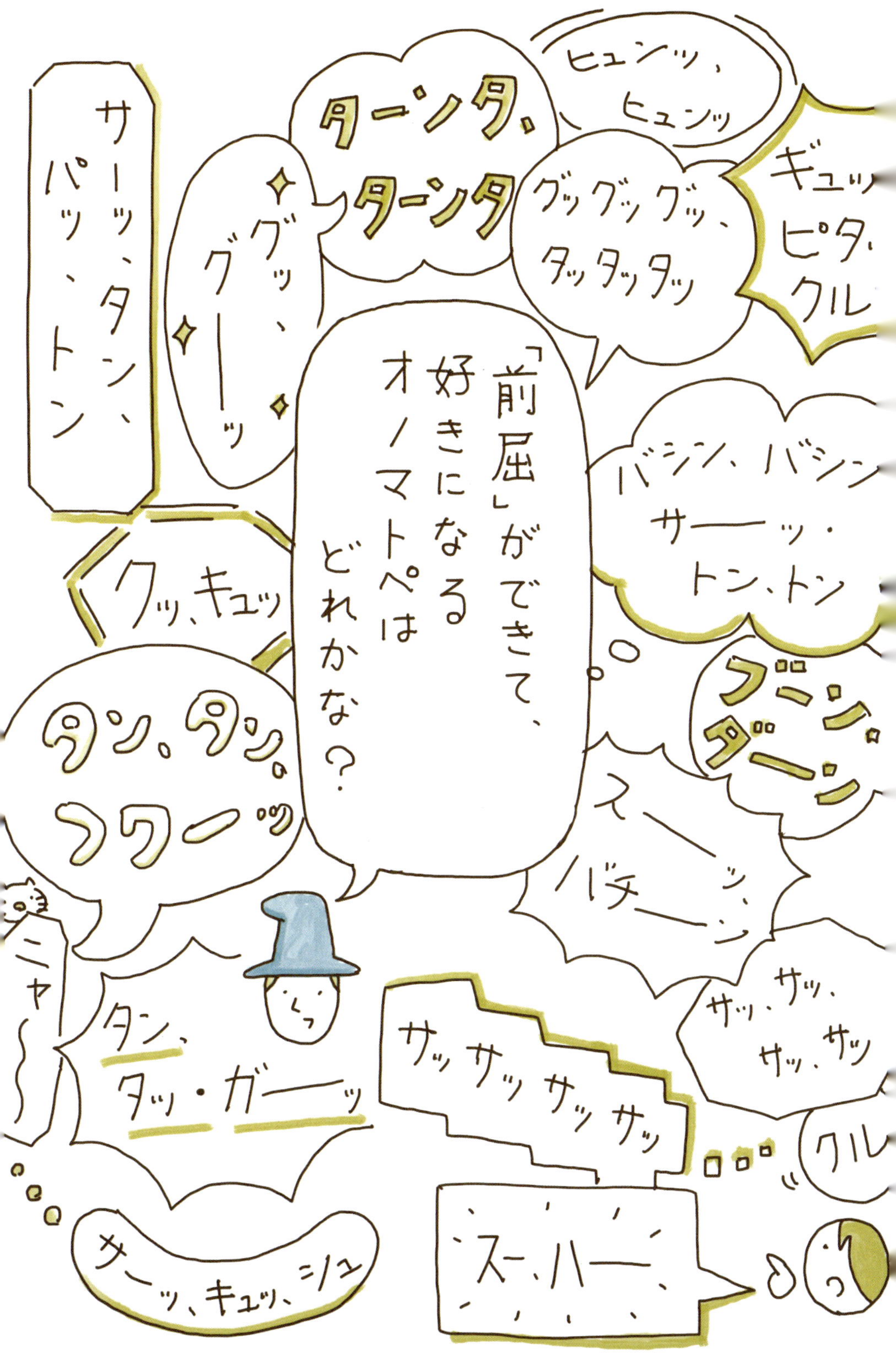
「前屈」ができて、好きになるオノマトペはどれかな？
ヒュンッ、ヒュンッ
ターンタ、ターンタ
グッグッグッ、タッタッタッ
ギュッ ピタ クル
サーッ、タン、パッ、トン
グッ、グーーッ
クッ、キュッ
バシン、バシン サーーッ・トン、トン
ダーン、ダーン
スーーッ、バチーン
タン、タン、フワーッ
ニャ
サッ、サッ、サッ、サッ
サッサッサッサッ
クル
タン、タッ・ガーーッ
サーッ、キュッ、シュ
スー、ハー

【前屈《ぜんくつ》のオノマトペ】

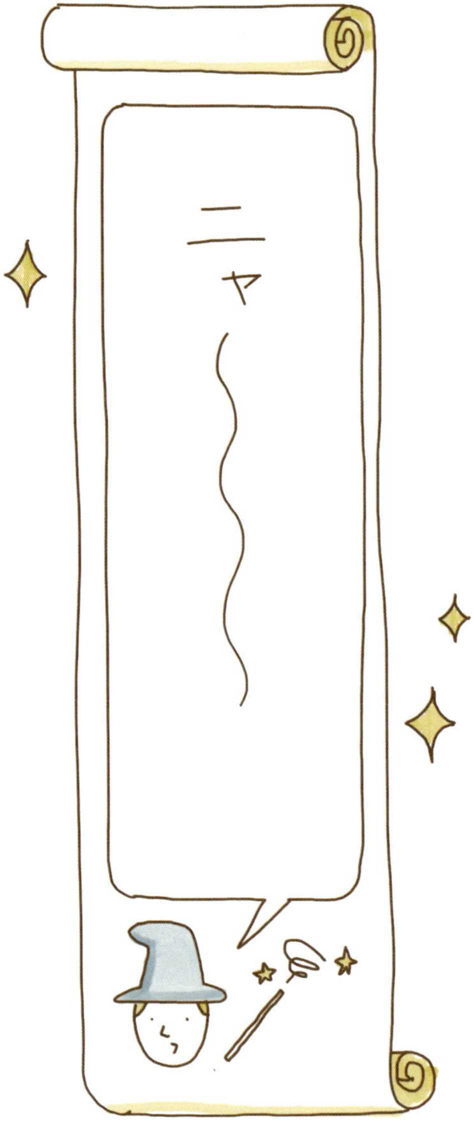

## 魔法《まほう》のことばの使《つか》い方《かた》

体《からだ》がやわらかいネコのように、「ニャ〜〜〜」と言《い》いながら前屈《ぜんくつ》する。

ネコになりきって、やわらかいイメージをつくり、「アアア」と息《いき》を最後《さいご》まで吐《は》き切《き》るのがコツ。
息《いき》を吐《は》き続《つづ》けることで肺《はい》が縮《ちぢ》んで、上半身《じょうはんしん》が曲《ま》げやすくなるんだ

Mさんは、
上体《じょうたい》起《お》こしが1回《かい》もできません。

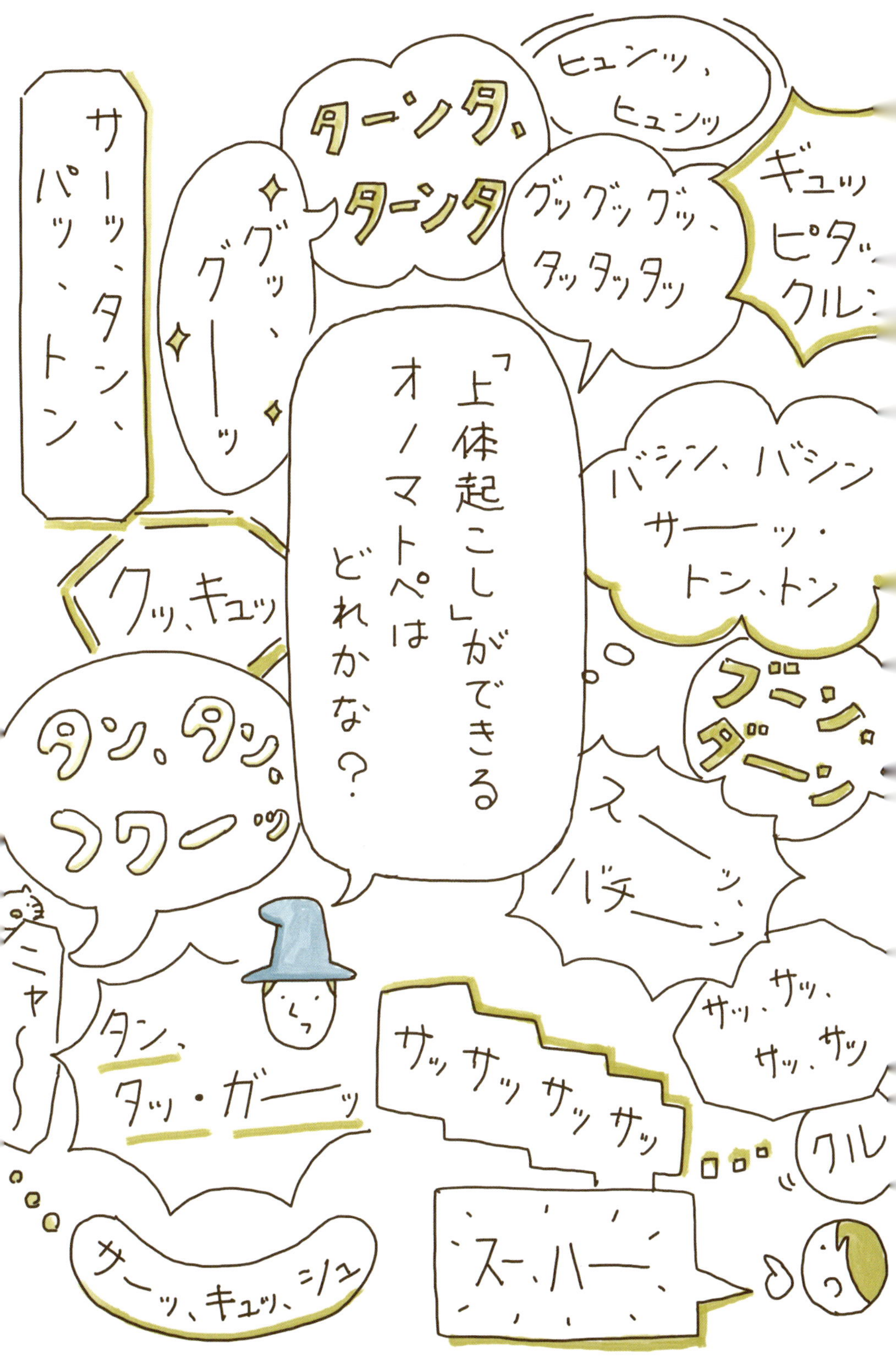
「上体起こし」ができるオノマトペはどれかな？
ギュッ ピタ クル
ヒュンッ、ヒュンッ
ターンタ、ターンタ
グッグッグッ、タッタッタッ
グッ、グーーッ
サーッ、タン、パッ、トン
バシン、バシン サーーッ・トン、トン
クッ、キュッ
ブンッ、ダーン
タン、タン、フワーッ
スーーッ、バチーン
ニャ〜
タン、タッ・ガーーッ
サッ、サッ、サッ、サッ
サッサッサッサッサッ
クル
サーッ、キュッ、シュ
スー、ハー

【上《じょう》体《たい》起《お》こしのオノマトペ】

## 魔法《まほう》のことばの使《つか》い方《かた》

「クッ」と言《い》いながら、アゴを引《ひ》く。

「キュッ」と言《い》いながら、ももに力《ちから》を入《い》れて、背中《せなか》を丸《まる》めて起《お》き上《あ》がる。

起《お》き上《あ》がるときは、ももにペットボトルをはさむような感《かん》じで力《ちから》を入《い》れる。
1回《かい》もできなかった人《ひと》も、きっとできるようになるよ！

Nくんは、握力《あくりょく》が弱《よわ》い、弱《よわ》すぎる…。

「握力」が
パワーアップする
オノマトペは
どれかな？
サーッ、タン、
パッ、トン
グッ、
グーーッ
ターンタ、
ターンタ
ヒュンッ、
ヒュンッ
グッグッグッ、
タッタッタッ
ギュッ、
ピタ、
クル
バシン、バシン
サーーッ・
トン、トン
クッ、キュッ
タン、タン、
フワーッ
ブーン、
ダーン
スーーッ、
バチーン
ニャー
タン、
タッ・ガーーッ
サッサッサッサッ
サッ、サッ、
サッ、サッ
クル
サーッ、キュッ、シュ
スー、ハー、

## 【握力《あくりょく》のオノマトペ】

## 魔法《まほう》のことばの使《つか》い方《かた》

「グッ」と言《い》いながらひざを軽《かる》く曲《ま》げる。

「グ――ッ」と大《おお》きい声《こえ》といっしょに一気《いっき》に力《ちから》を出《だ》しきる。

事前《じぜん》に「グー・パー、グー・パー…」と手《て》を開《ひら》いたり握《にぎ》ったり、手首《てくび》をクルクル回《まわ》す運動《うんどう》をやってウォーミングアップしよう。緊張《きんちょう》がとれて力《ちから》が出《で》やすくなるんだ。パワーアップした自分《じぶん》にびっくりするよ！

Oさんは、
ソフトボール投《な》げが苦《にが》手《て》です。

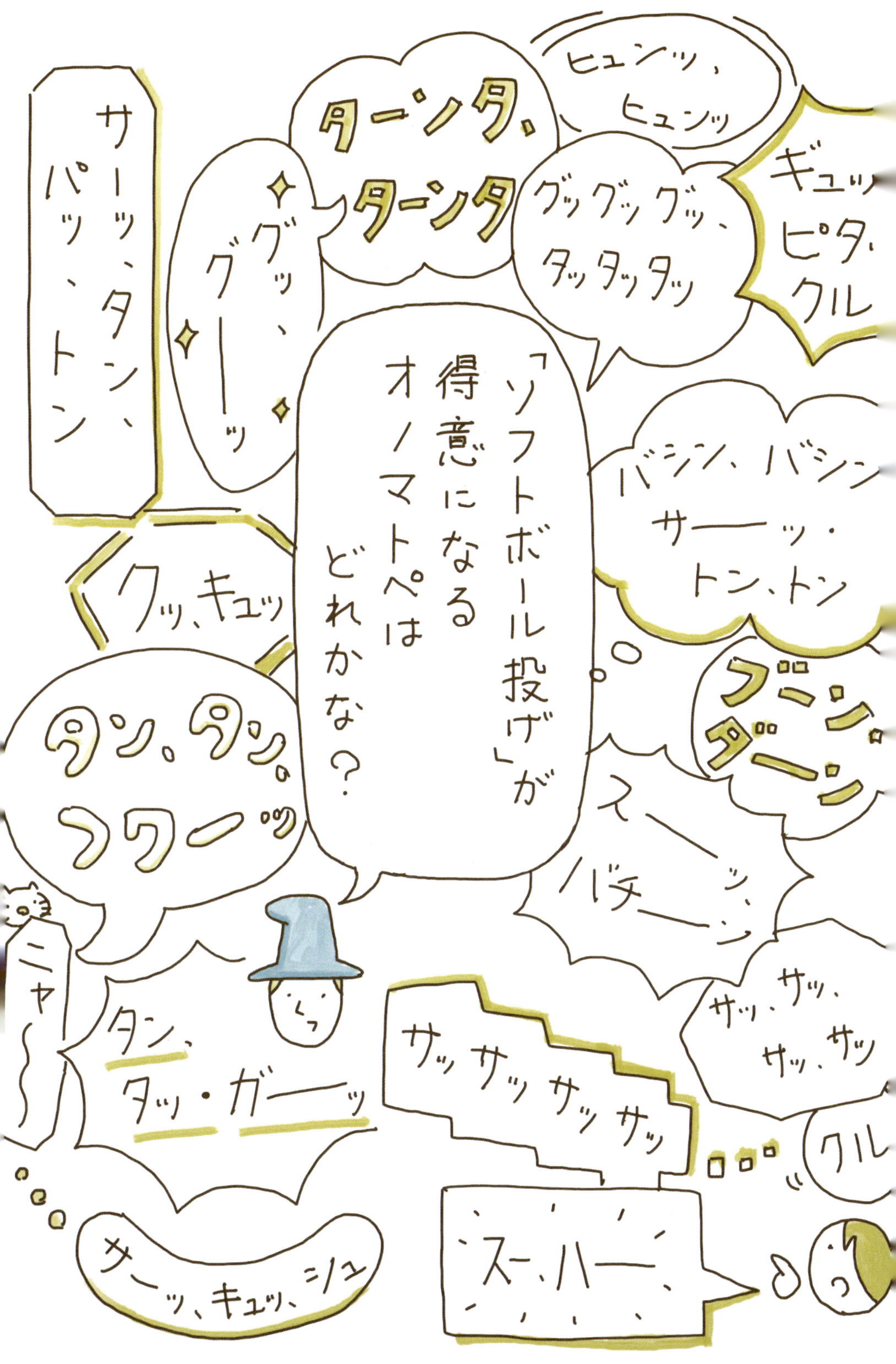
「ソフトボール投げ」が得意になるオノマトペはどれかな？
ヒュンッ、ヒュンッ
ターンタ、ターンタ
サーッ、タン、パッ、トン
グッ、グーーッ
グッグッグッ、タッタッタッ
ギュッ、ピタ、クル
バシン、バシン、サーッ・トン、トン
クッ、キュッ
ブン、ダーン
タン、タン、フワーッ
スーッ、バチーン
ニャー
タン、タッ・ガーッ
サッサッサッサッサッ
サッ、サッ、サッ、サッ
クル
サーッ、キュッ、シュ
スー、ハー

## 【ソフトボール投《な》げのオノマトペ】

## 魔《ま》法《ほう》のことばの使《つか》い方《かた》

「タン、タッ」のかけ声《こえ》に合《あ》わせて、右足《みぎあし》・左足《ひだりあし》のステップで(左利《ひだりき》きの人《ひと》は左足《ひだりあし》・右足《みぎあし》のステップで)いきおいをつける。

「ガ————ッ」と叫《さけ》んでボールを投《な》げる。ボールが落《お》ちるまで叫《さけ》ぶこと。

大切《たいせつ》なのは、助走《じょそう》のリズムと投《な》げるスピードだよ。「タン、タッ・ガ————ッ」のオノマトペを素早《すばや》く唱《とな》えながら、やってみよう。
ボールが落《お》ちるまで「ガ————ッ」と叫《さけ》ぶことで、うでをふりきることができるんだ。

Ｐくんは、

立《た》ち幅《はば》とびの記録《きろく》をのばしたい。

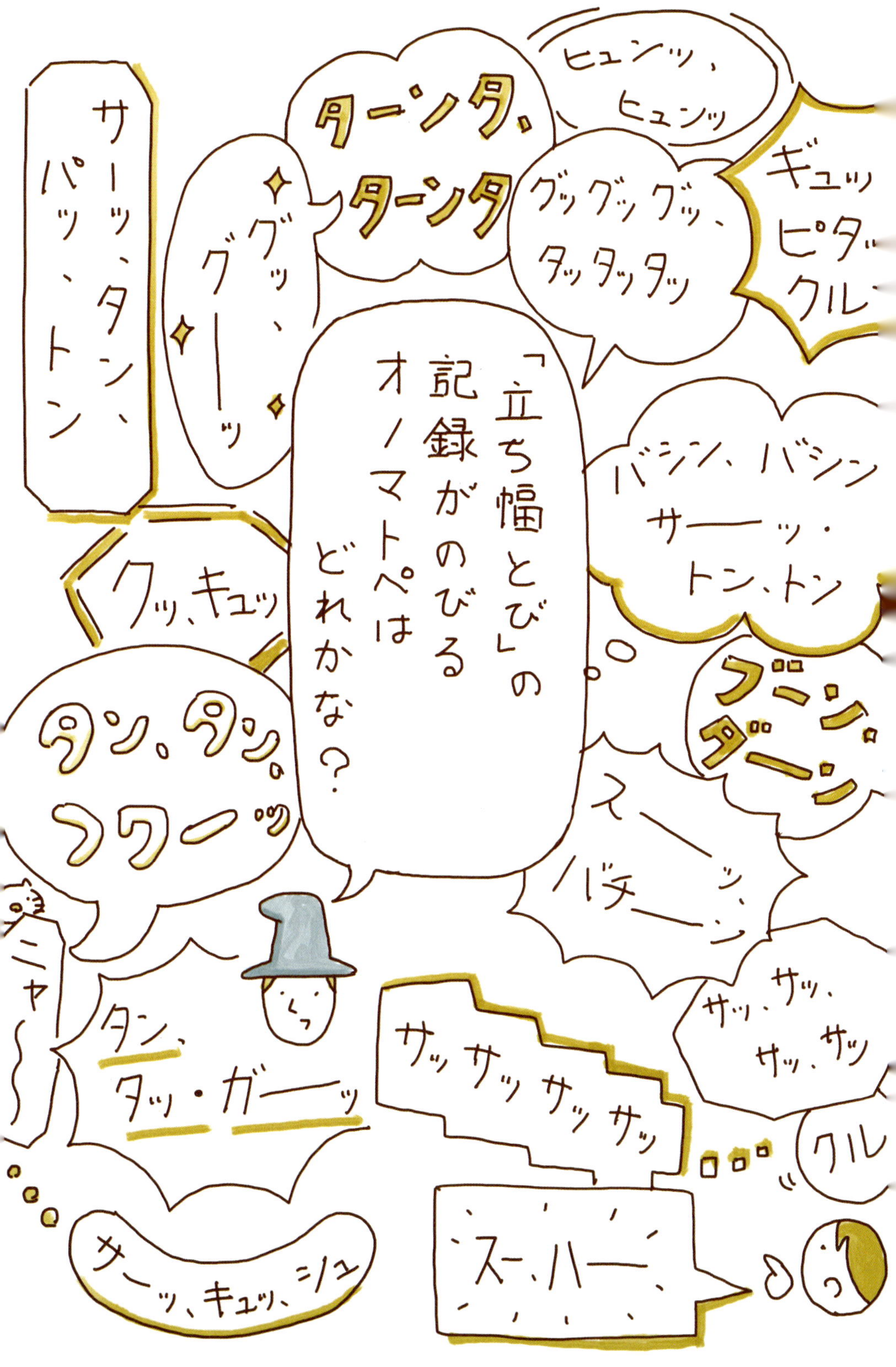
「立ち幅とび」の記録がのびるオノマトペはどれかな？
サーッ、タン、パッ、トン
グッ、グーーッ
ターンタ、ターンタ
ヒュンッ、ヒュンッ
グッグッグッ、タッタッタッ
ギュッ ピタ クル
バシン、バシン サーッ・トン、トン
ダーン、ダーン
スーッ、パチーン
クッ、キュッ
タン、タン、フワーッ
ニャー
タン、タッ・ガーッ
サッサッサッサッサッ
サッ、サッ、サッ、サッ
クル
サーッ、キュッ、シュ
スー、ハー

## 【立《た》ち幅《はば》とびのオノマトペ】

## 魔法《まほう》のことばの使《つか》い方《かた》

「ブーン」と言《い》いながら、うでをいきおいよく後《うし》ろにふって、深《ふか》くしゃがむ。

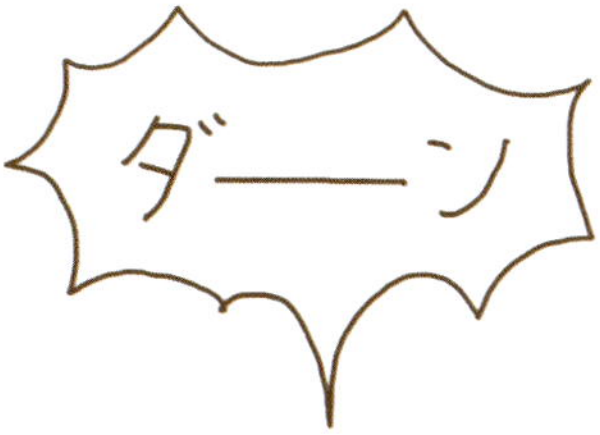


「ダ——ン」と言《い》いながらうでを前《まえ》にふって、思《おも》いっきり前方《ぜんぽう》にジャンプ！

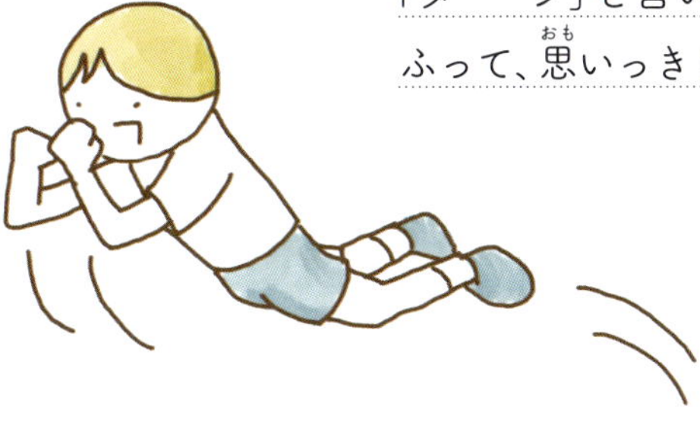

「ブーン」とうでをふるときは、頭《あたま》の上《うえ》まではふらずに、肩《かた》の高《たか》さまで！　その反動《はんどう》を利用《りよう》して「ダ——ン」でジャンプするんだ。

Qさんは、
反復横《はんぷくよこ》とびが素早《すばや》くできません。

「反復横とび」が素早くできるオノマトペはどれかな？
サーッ、タン、パッ、トン
ターンタ、ターンタ
ヒュンッ、ヒュンッ
グッ、グーーッ
グッグッグッ、タッタッタッ
ギュッ ピタ クル
クッ、キュッ
バシン、バシン サーッ・トン、トン
タン、タン、フワーッ
ブン、ダーン
スーッ、バチーン
ニャ〜
タン、タッ・ガーッ
サッサッ サッサッ サッ
サッ、サッ、サッ、サッ
クル
サーッ、キュッ、シュ
スー、ハー、

## 【反《はん》復《ぷく》横《よこ》とびのオノマトペ】

## 魔法《まほう》のことばの使《つか》い方《かた》

「サッ、サッ」と唱《とな》えながら、足《あし》をラインに伸《の》ばすように動《うご》かす。体《からだ》は動《うご》かさずに、右足《みぎあし》、左足《ひだりあし》と、足《あし》だけで素早《すばや》くステップする。

このオノマトペは、大《おお》きい声《こえ》でなくて大丈夫《だいじょうぶ》。
小《ちい》さく「サッ、サッ」と唱《とな》えよう。

Rくんは、

20mシャトルランがおそい…。

「20mシャトルラン」が速くなるオノマトペはどれかな？
サーッ、タン、パッ、トン
グッ、グーーッ
ターンタ、ターンタ
ヒュンッ、ヒュンッ
グッグッグッ、タッタッタッ
ギュッ ピタッ クル
クッ、キュッ
バシン、バシン サーーッ・トン、トン
タン、タン、フワーッ
ブーン、ダーン
スーーッ、バチーン
ニャ〜
タン、タッ・ガーーッ
サッ、サッ、サッ、サッ
サッサッサッサッサッ
クル
ターッ、キュッ、シュ
スー、ハー

## 【20mシャトルランのオノマトペ】

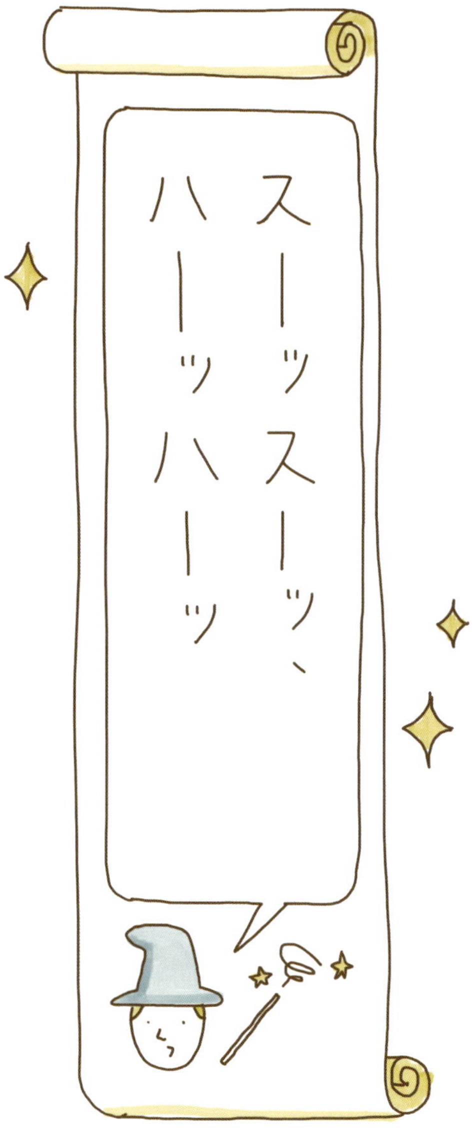

## 魔《ま》法《ほう》のことばの使《つか》い方《かた》

「スーッスーッ」と言《い》いながら息《いき》を吸《す》って、「ハーッハーッ」と言《い》いながら息《いき》を吐《は》いて走《はし》る。こうすると、からだにうまく酸素《さんそ》が出《で》たり入《はい》ったりするから、長《なが》い距離《きょり》を疲《つか》れずに走《はし》れるようになる。

呼吸《こきゅう》のリズムがととのって、走《はし》る動作《どうさ》にもリズムが生《う》まれてくるんだ。
「スーッスーッ、ハーッハーッ」のペースになれてきたら、
「スッスッ、ハッハッ」って言《い》いながら呼吸《こきゅう》してみよう。
ペースアップした呼吸《こきゅう》のリズムに、走《はし》る動作《どうさ》のリズムがついていって、気《き》がついたら、速《はや》くなっているよ。

# おとうさん、おかあさんへ

オノマトペ研究家の藤野良孝です。オノマトペという言葉をご存じでしたか？

「オノマトペ」というと、宮沢賢治さんの童話や詩に登場する文学の擬音語・擬態語を想像される方が多いようです。実は、そのほか、特定の運動を円滑にしたり、大きな力を引き出しやすくしてくれるオノマトペがあります。

身体に働きかけるオノマトペと、体育・スポーツで使用されるオノマトペをあわせたものを、私は「スポーツオノマトペ（以下オノマトペ）」と名づけ何十年も研究しています。

数々の実験や調査を通して「オノマトペ」には、運動のパフォーマンスをアップさせる力があることを確信しました。

実際、オリンピックに出場するようなトップ選手の中には、オノマトペを使うことによって集中力を高めたり、爆発的な力を発揮するなど、自らのパフォーマンスの精度をあげています。これらは、アスリート限定の術ではなく、どなたにでも有効です。

ちなみに奈良県のH幼稚園では、跳び箱、逆上がりをおこなう際、オノマトペで指導をしたら、例年よりもできる子どもが増えたという報告を頂きました。さらに岐阜県のB小学校、三重県のI小学校では、オノマトペの掛け声に伴って長座体前屈、握力などを実施した結果、多くの子どもたちの記録がアップしました。このような流れから、今では体育の授業で、本格的にオノマトペを活用している小学校もあります。

それでは、記録のアップを裏付ける実験をここにざっくり紹介します。

以前、小学6年生の男女に「無言」と「にゃーっ」「がーっ」「ぐーっ」の声を出しながら全力で垂直跳び、長座体前屈、握力を1回ずつ測定しました。その結果、無言のときよりもオノマトペを言ったほうが、記録

実験結果

| 種目と被験者数 | 無声の平均記録 | １番記録がよかったオノマトペと平均記録 |
|---|---|---|
| 垂直飛び（14名） | 34.9cm | がーっ：37.6cm |
| 長座体前屈（13名） | 28.8cm | にゃーっ：32.2cm |
| 握力（13名） | 17.4kg | ぐーっ：18.7kg |

【参考】藤野良孝, スポーツ場面で使用される声の効果　pp14-pp17日本騒音制御工学会(2016)

がよかったのです。

なぜ無声よりもオノマトペを出したほうが、記録がよかったのでしょう。握力を例にして考えてみます。「にゃーっ」「がーっ」「ぐーっ」のうちどれが最も力が出ると思いましたか？「ぐーっ」ですよね！　逆にどの音が最も力が出ないと思いましたか？「にゃーっ」ですよね！

オノマトペはイメージと直結した言葉でもあるので、強いと感じた「ぐーっ」は力が入ります。一方、弱いと感じた「にゃーっ」は力が抜けるのです。また、動きのエネルギーと母音も関係しています。握力のように腹筋に力を入れ、エネルギーを内側に向かわせる動きには母音が「あ」より「う」のほうがより大きな合成（体と声のエネルギー）となって力が出ます。垂直跳びのように、ジャンプをしてエネルギーを外側に向かわせる動きには母音が「う」より「あ」のほうがより大きな力が出ます。つまり、運動に適した音を組み合わせて使うことがポイントなのです。

本書では、運動に適したオノマトペをたくさん紹介しています。

オノマトペが与えるイメージ、言語的・音声的な特徴が、これからスポーツを学んでいくお子さん、苦手なスポーツを克服していくお子さんに、大きなプラスの影響を及ぼしてくれます。ぜひ魔法の言葉オノマトペをご家庭や学校で実践していただけたら幸いです。

藤野良孝

［著者］

**藤野良孝**

オノマトペ研究家、コメンテーター、博士（学術）。朝日大学保健医療学部准教授。早稲田大学国際情報通信研究センター招聘研究員、早稲田大学ことばの科学研究所研究員。
国立大学法人総合研究大学院大学文化科学研究科博士課程修了後、文部科学省所管独立行政法人メディア教育開発センター研究開発部助教、東京田中短期大学こども学科非常勤講師、朝日大学経営学部准教授、スポーツ言語学会理事を経て現職。
暮らし、スポーツ、子育て、ビジネス、コミュニケーションなどで使用されるさまざまなオノマトペの効果について多角的に研究している。

［絵］

**大野文彰**

イラストレーター・デザイナー。千葉工業大学工業デザイン学科卒業。貝印（株）デザイン室、（株）デザインショップ121、ニフティ（株）などに勤務し、台所用品や不動産広告、インターネットプロバイダーの販促物のデザインを担当する。2006年に独立し、大野デザイン事務所を設立。パンフレット、ポスター、ロゴ、装丁などのデザインはもちろん、ユーモアのあるタッチが人気のイラストレーターとしても活躍している。



「逆《さか》上《あ》がり」だってできる！ 魔法《まほう》のことばオノマトペ

2017年 9月10日 第1刷

著　者　藤《ふじ》野《の》良《よし》孝《たか》

絵　大《おお》野《の》文《ふみ》彰《あき》

発行者　小澤源太郎

責任編集　株式会社 プライム涌光

電話　編集部　03（3203）2850

発行所　株式会社 青春出版社

東京都新宿区若松町12番1号〒162-0056
振替番号　00190-7-98602
電話　営業部　03（3207）1916

印刷　大日本印刷　　製本　フォーネット社

万一、落丁、乱丁がありました節は、お取りかえします。

ISBN978-4-413-11227-7 C8075